COMUNICAÇÃO ESTRATÉGICA
EM TEMPOS DE
CR|SE

Entenda a mídia e tenha sucesso nos negócios

Everton Bastazini Barbosa

COMUNICAÇÃO ESTRATÉGICA
EM TEMPOS DE
CRISE

Entenda a mídia e tenha sucesso nos negócios

Direção Editorial: Marlos Aurélio **Conselho Editorial:** Avelino Grassi Fábio E. R. Silva Márcio Fabri dos Anjos Mauro Vilela	**Copidesque:** Leo Agapejev de Andrade **Revisão:** Thiago Figueiredo Tacconi **Diagramação:** Tatiana A. Crivellari **Capa:** Tatiana A. Crivellari

© Ideias & Letras, 2020

2ª impressão

Rua Barão de Itapetininga, 274
República - São Paulo/SP
Cep: 01042-000 – (11) 3862-4831
Televendas: 0800 777 6004
vendas@ideiaseletras.com.br
www.ideiaseletras.com.br

Dados Internacionais de Catalogação na Publicação (CIP)
(Câmara Brasileira do Livro, SP, Brasil)

Comunicação estratégica em tempos de crise: entenda a mídia
e tenha sucesso nos negócios / Everton Bastazini Barbosa
São Paulo: Ideias & Letras, 2016.
ISBN 978-85-5580-005-4

1. Administração de empresas 2. Comunicação de massa e negócios
3. Crises financeiras 4. Meios de comunicação 5. Mídia
I. Título.

15-10600 CDD-658.45

Índice para catálogo sistemático:
1. Comunicação estratégica: Crise financeira: Administração   658.45

Sumário

Apresentação	7
O mercado da crise	13
Agenda negativa	17
Medo coletivo	23
Método Detox contra o negativismo	37
Fortaleça sua marca e ganhe credibilidade	43
Incrível: há pessoas que adoram uma crise	49
Negar uma crise é tão ruim quanto potencializá-la	59
As redes sociais e os novos formadores de opinião	65
Construção de uma agenda positiva	73
Seja assertivo, não submisso	79
Educação familiar para a análise crítica da mídia	89

Apresentação

O que é crise? A pergunta nos possibilita ter respostas sob variados pontos de vista. Se falarmos em saúde, uma crise pode nos levar à morte. Mas se a crise for financeira, o problema será a escassez de dinheiro. Já uma crise alérgica é uma reação a algo que afeta o funcionamento normal do organismo. No entanto, uma crise de saúde pode acarretar também uma crise financeira, ou quem sabe uma outra crise emocional, e assim por diante.

Imagine que você tenha uma ótima saúde e uma vida financeira estável. De repente você é acometido por uma doença grave e não tem um plano de saúde. Há aí um duplo desafio: vencer a doença sem ficar com dívidas, já que o Estado poderá te deixar na mão quando o assunto é saúde. Tudo vai depender de como você conduz as coisas. Se você for mal na condução, será engolido pela crise.

Toda brusca mudança de rota pode se tornar uma estrada temerária em nossa vida. No entanto, ter que refazer o trajeto faz parte da nossa caminhada aqui nesta terra. Isso é necessário em vários momentos. Então poderíamos dizer que estamos sempre em crise? Não. Seria um exagero pensar que tudo é crise. E talvez seja por isso que este termo é tão banalizado hoje em dia – ainda mais na cultura brasileira.

Muitas vezes nos é vendida a impressão de que estamos sempre em estado de decadência, que não podemos vencer, que somos eternos derrotados. No Brasil isso é algo cultural, o que precisa ser mudado. A nossa proposta, neste livro, é justamente questionar o alarmismo para com nossas crises brasileiras.

Quando este "projeto cultural" nos é fornecido diariamente pela mídia, tende-se a perpetuar. Forçam-nos goela abaixo uma realidade nem sempre condizente com os fatos reais. Os fatos podem até ser reais – e os são na maioria das vezes –, mas descontextualizados eles podem se transformar em grandes mentiras.

O concreto pode estar muito distante do midiático. *Pode estar*. Muitas vezes as duas realidades se encontram e são verdadeiras. Mas o que nos levou a abrir uma reflexão pontual sobre a conjuntura socioeconômica brasileira é, justamente, esta dificuldade que nós, brasileiros, temos em identificar uma crise real e discernir o que é exagero, fruto de criação de quem tem objetivos obscuros e nada republicanos.

Aqueles que estão na faixa etária dos 30 lembram bem que, na nossa infância, crise era sinônimo de pouca comida na mesa, carne só nos finais de semana e refrigerante apenas em dias festivos. Praia, nem pensar. Era coisa do vizinho rico.

A nova classe média brasileira parece estar assombrada com o novo modelo de crise. E que modelo é esse? Como devemos nos comportar diante dessa nova conjuntura? É verdade o que a mídia fala? É tudo isso? Há crise?

Não vejo a mídia como a vilã da história. Também sou, faço parte desta mídia e vejo os veículos de comunicação como importantes parceiros na grande roda da economia brasileira. As empresas de comunicação fazem parte do sistema econômico e são fundamentais também quanto a seu caráter social, já que são meios práticos em que a democracia se consolida dia a dia a partir dos símbolos comunicados pelos meios.

Por isso, conhecer a engrenagem da mídia é um ótimo caminho para que os demais sujeitos sociais se fortaleçam nos momentos de crise. Consumir mídia sem uma prévia e constante análise crítica pode ser suicídio para todo cidadão. Se esse consumo acrítico fizer parte da vida do empresariado, por exemplo, se tornará algo ainda mais grave, já que tende a afetar todo um setor produtivo.

Assim como todo segmento empresarial, a mídia tem suas qualidades, desafios e defeitos. No entanto, aos nossos olhos mortais só é visível o lado superficial dos veículos de comunicação. E neste ponto encontra-se talvez uma das urgentes necessidades da economia brasileira: entender a mídia como um setor econômico e compreender que o que vem dela está carregado de interesses financeiros e políticos.

Intenções comerciais e políticas são legítimas; o que muitas vezes não é legítimo é o modo como se produzem e se divulgam as notícias. Ou não se divulgam. Se falta transparência ao consumidor de mídia, a legitimidade do conteúdo perde em credibilidade. Democracias mais desenvolvidas, como por exemplo a dos Estados Unidos, têm conseguido avanços na transparência da administração política dos veículos de comunicação. Seus editoriais têm sido claros quanto as suas intenções políticas e econômicas. No Brasil, isso parece longe de acontecer.

Muitos preferem propagar a falácia da imparcialidade enquanto são visivelmente parciais. Mais honesto seria se fossem verdadeiros e objetivos na divulgação das suas opções. Assim ficaria sempre mais fácil para o consumidor compreender o contexto do discurso de quem emite informação e opinião.

Enquanto a nossa democracia avança a passos lentos, a análise crítica da mídia tem se tornado cada vez mais uma fonte crucial para que líderes e empreendedores não se deixem levar pelas informações descontextualizadas.

Nas próximas páginas, sugiro ações práticas de uma leitura aprofundada do funcionamento do mercado de mídia. Comunicação é articulação. Sem as conexões entre as conjunturas econômica e política não se compreende o funcionamento da mídia. Logo, o consumidor da informação permanece passivo e altamente vulnerável aos interesses de quem está por trás das câmeras, microfones, canetas, teclados e quaisquer outros dispositivos que são meios de produção e emissores de informação.

Entretanto, consumidores de informação, quando recebem a formação de análise crítica da mídia, contribuem com a consolidação da democracia, fortalecem a economia e forçam uma melhora contínua dos próprios meios.

Prepare-se, compreenda este mundo e você terá muito mais resultados positivos na sua vida e em todos os seus empreendimentos.

O mercado da crise

Um dia me levantei e me perguntei: a quem interessa uma crise no Brasil? Estava inundado por um mundo de informações segundo os quais a TV, o rádio, o impresso e o mundo da *web* insistiam em afirmar: "O Brasil está em crise".

O Produto Interno Bruto (PIB) estava praticamente estagnado, mas a tendência era de retração. A indústria começava a demitir, mas os dados, pouco contextualizados, indicavam-me a permanência do pleno emprego; porém a tendência, diziam, era de desemprego crescente. Falava-se em crise, mas era verão e as praias estavam lotadas, rodovias congestionadas, aeroportos cheios – pareciam as rodoviárias quando eu era adolescente.

Minha cabeça de nascido nos anos 1980 andava confusa. E a tristeza sumiu. Ressurgiu o instinto de jornalista, analista. Resolvi. Era preciso entender profundamente o que queriam me dizer. Não dava mais para ler, ouvir e ver tudo com passividade. Desde a minha graduação em Jornalismo e atuação como repórter, eu me via com senso crítico apurado. Mesmo sabendo como as coisas funcionam numa redação, percebi que estava sendo engolido pelo excesso de informação sem filtro. A criticidade parecia ter sumido momentaneamente. O susto foi produtivo, pois comecei a escrever este livro e a tencionar perguntas que não encontrava nos grandes meios.

Comecei a trilhar outra pauta. Minha meta era descobrir quem é que comanda o mercado da crise. Quem lucra com ele. Quem ganha, quem perde. O dia terminou e me veio um sentimento de derrota – Pare com isso! Você é louco! Mercado da crise? Coisas da sua cabeça maluca. Desista!

Conversa vai, conversa vem (comigo mesmo), e comecei a me desafiar. Escrevi a apresentação deste livro e fui em frente. Há sim um mercado. Não é possível que tanta informação seja ventilada sem que ninguém se questione minimamente do que está acontecendo.

Neste turbilhão de pensamentos fui à reunião de uma associação comercial, e o presidente começou a fala com um tom de preocupação extrema com a postura de vários colegas empresários. "Eu nunca vi um clima de tanto pessimismo em nossa cidade", disse.

Empresários estavam demitindo, deixando de investir, de comprar maquinários. O clima era de preocupação, de incertezas. Havia motivos, claro. A corrupção espantosa e os altos gastos governamentais nas diversas esferas de governo fizeram com que a retração da economia batesse à porta, depois de um período de consideráveis índices de distribuição de renda e melhora substancial de diversos indicadores sociais.

Mas a crise chegou. O fato é que a crise estava presente, era real. No entanto, algo misterioso pairava no psicológico daqueles empreendedores que antes tinham se tornado gigantes (ao menos temporariamente), e estavam como gatinhos tímidos diante do novo cenário econômico.

Não era apenas a crise em si que os deixava preocupados. Parecia haver uma tensão, um efeito neurótico que forçava até aqueles que não sentiam a recessão na pele a aceitarem a crise como algo inevitável. Era uma obrigação viver a crise.

Ponto. Cheguei ao meu objeto de discussão. Era aí que eu queria caminhar, mas não tinha clareza. A "crise obrigatória" impelia um clima de "quanto pior melhor"; pessimismo era pouco para verbalizar o que estava no ar.

O segundo avanço na minha análise de cidadão angustiado foi dar mais um pitaco. Essa crise não é mais como as crises de antigamente, da nossa infância. É um novo jeito de fazer crise, de viver a crise e viver da crise.

Então, se há algo de diferente na percepção simbólica do que é uma crise, o meu cérebro trouxe uma palavra. Talvez seja crise de *credibilidade*. De quem? Do Estado? Dos governantes? Das instituições? Do ser humano?

O mercado da crise parece aproveitar a verdadeira derrocada ética e moral, no caso do Brasil, para gerar outros colapsos, como um caos econômico. Parece. É uma possibilidade.

Do outro lado, de quem manda, os governantes continuam gastando como se não houvesse urgente necessidade de rever a função do Estado. O corte de gastos dos governos não afeta os vencimentos nem as aposentadorias dos políticos e de poderes como o Judiciário. Parecem intocáveis. A crise é estratificada. Atinge o setor produtivo, mas nunca os governos, nem o Judiciário.

No Brasil, a percepção de crise ainda está segmentada. O setor produtivo diz que a crise existe; a mídia conta a história, o governo responde, e a mão de obra em massa paga a conta. É uma pirâmide sufocante, desanimadora, que desestimula qualquer trabalhador a parar e pensar no que, de fato, é uma crise.

A minha particular loucura questionadora não permite julgar, apontar culpados singulares, mas me induz a crer com veemência: Há um mercado que lucra com a crise. E isso é temível.

Agenda negativa

Os estudos dos efeitos dos meios de comunicação sempre confirmaram as teorias que apontam como o agendamento imposto pela mídia influencia nos debates cotidianos e desdobramentos das ações sociais. A *Agenda-Setting Theory*[1] diz que é a mídia quem decide a pauta. É ela quem dá o norte, quem determina o que vamos debater ou deixar de refletir a partir dos assuntos noticiados.

No campo de guerra do agendamento, há uma mídia muitas vezes desejosa de pautar o que a sociedade vai debater. Do outro lado há interesses distintos misturados entre grupos políticos, econômicos e outros atores sociais tentando o tempo todo colocar em pauta o que é conveniente a cada um.

A batalha por agendar, por pautar, é tão ferrenha que hoje movimenta um mercado considerável de assessorias especializadas em comunicação. Por trabalhar neste segmento,

---

1 A Teoria do Agendamento, ou *Agenda-Setting Theory*, foi formulada na década de 1970 por Maxwell McCombs e Donald Shaw. Eles defendem que a mídia é quem determina quais assuntos farão parte das conversas dos consumidores de notícias.

conheço bem o mapa estratégico que é necessário percorrer para emplacar uma pauta. E isso é honesto e não há nada de corruptível.

No jogo da mídia, a agenda é influenciada por diversos fatores. E para ultrapassar a linha de chegada e conseguir o objetivo de "virar notícia", e notícia positiva, é preciso entender cada contexto, cada objeto, veículo, redação, a cabeça de cada jornalista envolvido e do dono do veículo. Esse jogo não é imoral. Faz parte de um mecanismo saudável da mídia democrática. A disputa pelo agendamento é algo extremamente coerente num mercado de opiniões plurais. Esta é a metodologia da democracia da mídia em regimes capitalistas.

O fato que podemos questionar quando falamos em "mercado da crise" é a estupidez do agendamento negativo patrocinado. Também acontece quando há o agendamento positivo em demasia, fora da realidade.

Quando acordos sorrateiros e rasteiros se fecham por trás da disputa pela agenda, a democracia perde. Explico-me. O funcionamento normal da redação de um veículo de comunicação não prescinde de uma equipe que recebe e avalia as sugestões de pauta, para então encaminhá-las para a apuração dos fatos. O agendamento aqui chamado de "patrocinado" impede o fluxo natural

do bom jornalismo e parte para o campo político-
-econômico. Nesta linha tênue também se encontram as novas formas de censura.

A cobertura passa a ser direcionada, tencionada para que toda a abordagem sobre tal tema seja feita com definida vertente. Inicia-se então uma agenda negativa para minar ou promover alguém, alguma instituição, governo. Imagine o que você quiser. Importante ressaltar: a "agenda negativa" nem sempre é negativa, aparentemente falando. Pode ser que uma sequência de notícias extremamente positivas, no fundo, seja carregada de objetivos nada honestos. Uma trama nojenta.

Valores como imparcialidade, isenção e objetividade caem por terra em alguns ambientes da mídia após negociações feitas a portas fechadas por chefias que, muitas vezes, visam interesses estritamente particulares, prejudicando o coletivo. Os meios de comunicação são poderosas armas, para o bem ou para o mal. No mundo das democracias, a história está aí para recordar os vários casos em que a mídia elegeu, sustentou, foi sustentada e também derrubou governos.

A histórica ligação entre mídia e governos no Brasil remonta às centenas de liberações de concessões de emissoras de rádios e TVs, que evidenciam a relação nada republicana de muitos proprietários desses veículos com governantes.

Fomos formados nesse sistema e hoje a nossa mídia é fruto histórico desse modelo.

Quando alguém desses grupos simbólicos, construídos diante de cenários não muito transparentes, é questionado, imediatamente há um alarme corporativista que toca em alto e bom som. Pronto. A ordem está dada. O inimigo está visível e precisa ser combatido. A agenda negativa está montada; ela é orquestrada e funciona contra o "inimigo". Quem questiona esses grupos é marcado como inimigo da liberdade de imprensa; o que é, no mínimo, não verdadeiro.

No Brasil, a nossa cultura e instituições ainda não estão preparadas para ter espaços democráticos que discutam a ação da mídia. Aqui, a mídia discute tudo, menos ela mesma.

Não há instâncias consolidadas, exceto alguns espaços acadêmicos, que possam reverberar questionamentos sobre os modelos das estruturas do agendamento no Brasil. E o povo continua a discutir o que é agendado pelo conglomerado das grandes corporações de comunicação. Isso quando se discute; o pior é quando a sociedade recebe passivamente as informações e nem as debate. Essas realidades podem ser observadas em âmbito nacional, regional e local.

O agendamento negativo tende a virar verdade, se for amplamente repetido, noticiado.

Paul Joseph Goebbels, ministro da Propaganda de Adolf Hitler na Alemanha nazista, dizia: "Uma mentira repetida mil vezes torna-se verdade". Esta é a lógica do agendamento negativo.

A novidade vinda com as mídias sociais é que, com a internet, é possível contrapor o agendamento dos grandes conglomerados. Antes, o que a grande mídia tradicional falava era inquestionável. Não havia possibilidade do contraponto, a não ser que este fosse feito pelo próprio veículo.

Hoje, no mesmo instante em que um fato é dado pela TV, ele é questionado por diferentes pontos de vista. Vivemos numa rede imensamente mais democrática. Porém, o agendamento negativo também chega às mídias sociais e, rapidamente, também se formam pessoas com funções específicas para atuar nessa realidade.

Estes atores trabalham diuturnamente no campo da construção e desconstrução de imagens, símbolos, pessoas, marcas. Constroem e destroem reputações na medida dos seus interesses.

A agenda negativa entra no inconsciente coletivo e forma grupos pessimistas, retrógrados e impotentes. São grupos com anencefalias, cujas cabeças pensantes são, na verdade, os cérebros financeiros e políticos de alguns conglomerados de mídia. Esta agenda é tão voraz para a humanidade que consegue estabelecer o que denominamos de "medo coletivo". No próximo capítulo escrevo sobre este fenômeno, que faz parte da construção do mercado da crise.

Medo coletivo

Uma senhora, servidora pública, após vencer um câncer, decidiu curtir a vida. A meta dela era viajar. Trabalhava como zeladora em uma universidade. Com os dias de folga e férias, conseguia fazer uma média de cinco viagens por ano. Chegou a ir algumas vezes para o exterior. Os amigos ficavam admirados com a decisão dela de viajar tanto assim. O dinheiro do salário era para pagar as contas e depois, o que sobrava, ia tudo para a agência de viagens.

O que aconteceu é que, depois de quase uma década de viagens e viagens, ela decidiu botar o pé no freio. Os passeios foram reduzidos. O motivo? O medo da crise. O medo, não a falta de dinheiro. Para aquela senhora o salário continuou o mesmo, apesar de decisões do governo que afetaram a possibilidade de uma previdência sustentável, como estava nos planos dela. Fora isso, particularmente para ela não houve diminuição de renda. O que houve foi uma ruptura em um estilo de vida por causa de uma "tal crise" que começaram a alardear.

O caso dessa senhora demonstra como o "medo coletivo" paralisa a economia. Apenas com este exemplo temos o reflexo imediato no setor de turismo. Assim também acontece com toda a roda da macro e microeconomias.

Outro exemplo. O empresário bem-sucedido no ramo alimentício prefere não aumentar o quadro de colaboradores – que era extremamente necessário por causa da crescente demanda – já que alguém disse para ele que a "crise chegou". Ele abriu as portas para a crise e fechou as portas para o crescimento da sua empresa.

Um diz para o outro que a crise está feia e ela, em pouco tempo, não só fica feia como se transforma em um monstro. Se há uma retração real, a imagem da crise com a sua percepção pode multiplicar os efeitos e consequências negativas. Em poucos minutos o caos pode estar estabelecido, sem motivos para tanto.

Outro estudo de caso: a notícia de uma greve geral dos caminhoneiros rapidamente torna-se motivo para pânico; os postos de combustíveis ficam lotados. Os motoristas são levados aos postos pelo medo de faltar combustível. Filas enormes se estabelecem e a falta de combustível chega antes do programado.

A gasolina, o etanol e o *diesel* não acabam apenas por causa da greve, mas pela excessiva procura fora do padrão. Com todo mundo enchendo o tanque, é evidente que o estoque acabaria muito mais rápido. Pronto. Venceu o pânico, e o desequilíbrio emocional do coletivo prevaleceu. Uma segunda crise foi criada a partir da greve geral – provavelmente necessária e justa.

É natural que uma crise chame outra. O que não é natural é antecipar as crises. Quando isso acontece, corremos o risco de criarmos ainda mais problemas, quando eles já são demasiados grandes. E esse bloqueio da crise pode ser feito por quem tem as chaves da articulação de base da economia: os empreendedores. São eles quem, de fato, decidem o patamar da crise. E o empreendedorismo perde quando os empreendedores são guiados por informações desconectadas, descontextualizadas, emitidas muitas vezes por esse sistema de informação que está a serviço de interesses imorais.

Para você dimensionar ainda mais o que estamos tratando, tente fazer um estudo de caso na próxima situação de pânico coletivo que vier a acontecer perto de você, em sua cidade ou no Brasil em geral.

Diante de uma onda de informações ruins, tente desligar a TV, o rádio, não leia jornal e desligue o acesso à internet por um período de tempo. Fique *off*. Tente viver como se nada estivesse acontecendo. Não estou provocando você a viver de forma alienada. Ao aplicar este método temporário, você vai perceber que em toda crise, dependendo da informação que chega à sua mente, o ânimo dos fatos pode tomar corpo a partir de uma dimensão irreal, fora da proporcionalidade do acontecido.

Costumo dizer que a teoria do medo coletivo sempre é sucedida pela teoria do tédio coletivo. Como assim? Talvez você, assim como eu, já disse algo do tipo: "Não aguento mais ligar a TV e ver a mesma coisa. Esse assunto já me torrou a paciência". E isso não acontece poucas vezes. É rotina. Sempre que há um crime bárbaro, um acidente com mortes de pessoas famosas, ou algo do gênero; a agenda da mídia tende a dedicar boa parte do noticiário para a cobertura de tais eventos. Isso acontece até que outro grave incidente venha a acontecer. E neste meio de campo surge o tédio. Depois do medo, da exaustão de informações sobre um acontecimento, vem a rejeição. No começo a audiência sobe, depois as pessoas começam a desligar o aparelho, a não ler mais o jornal, ou acessar aquele conteúdo. Por isso as notícias desaparecem, já que não geram mais interesse do público consumidor.

Catástrofes, acidentes aéreos, assassinatos chocantes, chamam a atenção da audiência.

O que é mórbido atrai o olhar. No entanto, o ciclo de informações negativas suscita um ambiente de pessimismo. Forçada pela economia, pela publicidade, as grades de programação dos veículos de comunicação focam o que dá resultado financeiro para a empresa. Reitero que isso é legítimo e normal no sistema capitalista. E, dentro dessa legitimidade, também é importante que o consumidor saiba disso, para que tenha controle sobre o que é repassado a ele. Assim o jogo fica mais equilibrado e há uma salubridade maior na atmosfera pública.

Muitas pessoas ficam doentes mentais depois de certa idade, pois não souberam lidar com o consumo de informações. Tornaram-se reféns dos grandes conglomerados de comunicação e perderam a autonomia diante do controle remoto, do teclado do computador ou da tela *touchscreen*. O medo, ou até mesmo o pânico coletivo, é algo que está posto. Não é nenhuma criação psicopata. Eles existem e são alimentados por um mecanismo pensando que força o conteúdo e não dá espaço para a crítica.

Outro fato para você construir imagens do que escrevo aqui. Tive a oportunidade de ir a Israel algumas vezes. Na primeira vez que pisei no Oriente Médio fiquei surpreso. Esperava encontrar lá um povo atrasado, uma economia ruim, prédios em ruinas. A imagem que eu tinha da Terra Santa era a imagem de guerra, de colapso, de fuzis, de armamentos. Isso é o que me foi passado pela TV. Era assim que eu visualizava previamente a região de Israel. Quando você desembarca em Tel Aviv, vem o bom espanto. Um dos aeroportos mais modernos do mundo. Depois é possível ter uma dimensão de como as coisas realmente são. Um país desenvolvido, com uma agricultura de alto rendimento – mesmo com as dificuldades ambientais –, um sistema universitário de ponta e segurança de dar inveja. As imagens dos conflitos de guerra estão nas faixas delimitadas, que abrigam os conflitos. Mas isso a mídia esqueceu ou talvez não soube me explicar didaticamente. Isso já aconteceu com você?

Vejam só como as coisas funcionam. Uma senhora deixou de comprar a passagem para Israel, pois tinha medo da guerra. Mas a pergunta é: que guerra, onde está essa guerra? Como ela funciona? A quem ela serve? Ao conhecer um país historicamente em guerra, percebi que Israel não era tudo aquilo que vendiam para mim, no Brasil. Eu descobri outro país. Sem negar os conflitos, que são graves e históricos, é possível você percorrer um ambiente de mais fraternidade, com menos opressão. Não se nega a grandiosidade do contexto histórico israel-palestino, mas naqueles ambientes há vida, há um cotidiano que segue nos padrões da normalidade conjuntural.

Quem sabe a paz já poderia ter se estabelecido nestes locais caso o mecanismo de informações fosse, antes, pacífico, por parte da mídia. Muitas vezes a guerra é precedida por uma batalha de informação para depois se tornar concreta, física.

Outro caso muito familiar é o Rio de Janeiro. Eu tinha medo de ir ao Rio. Era mais confortável contemplar as belas imagens do Cristo, das praias e tudo aquilo que é magnífico, de longe, a distância. Ir ao Rio não fazia parte das minhas metas de viagens, já que eu perderia muito mais do que ganharia se fosse para lá. Afinal, Rio de Janeiro era sinônimo de mortes, assassinatos, roubos, sequestros e tudo que há de mais banalizado na segurança pública. Mas, pelas circunstâncias profissionais, um dia estava com passagem comprada para a cidade maravilhosa. Fui. Não fui assaltado, não vi mortes, não vi sequestro, não vi guerra.

Claro, no Rio a violência continua assustadora, mas o que precisamos compreender é que a cidade não se resume aos casos de criminalidade noticiados pela imprensa – sim, eles existem. Há uma beleza superior que precisa e clama ser valorizada e lembrada cotidianamente. E para fechar o comentário sobre o caso do Rio, percebam que a notícia de um assassinato na zona sul é tratada de forma diferenciada do que uma chacina na periferia. Uma morte na zona sul do Rio parece doer mais do que dez mortes no subúrbio.

O problema não é exagerar no noticiário ruim – já que os fatos existem e precisam ser noticiados. Talvez o crime maior seja sabotar midiaticamente o belo, o esplêndido que há em cada realidade. A construção social focada pela mídia consegue anular as coisas boas quando não as cita. O belo é sepultado, aniquilado, enquanto o mal é exaltado. Cria-se uma cultura de morte e se aniquila a cultura da vida.

Comunicação é articulação

Tenho percebido que as ações de comunicação da mídia de modo geral, com relação à violência – no caso específico do Rio, por exemplo –, já não conseguem provocar uma reação prática das autoridades públicas.

A notícia, por si só, deveria ser instrumento de articulação, de provocação e mudança. Isso já não acontece mais. Uma notícia atrás da outra, de fatos ruins, acaba banalizando o próprio noticiário. O resultado é que a função social da mídia deixa de ser exercida. Um caminho que pode mudar esse quadro talvez seja a prática de ações coordenadas e articuladas entre a mídia e a sociedade organizada.

A que me refiro especificamente? Um exemplo. Quando acontece um crime bárbaro e chocante, a mídia tende a noticiá-lo até que o mesmo caia no esquecimento, pela própria mídia. O esquecimento, normalmente, acontece antes da resolução das investigações civis e criminais do crime. Ou seja, a população muitas vezes não fica a par dos desdobramentos, das punições aos criminosos.

A possibilidade de uma agenda coordenada significa articular a comunicação com instituições estratégicas. Eleger casos específicos e pautar na agenda midiática a sua resolução até o trânsito em julgado é uma prática que força as autoridades a permanecerem em vigilância constante, a não baixarem a guarda. Isso também pode melhorar o próprio sistema de segurança pública, contra a impunidade no Brasil.

O que adianta a mídia dar amplo destaque para o crime quando ele acontece se ninguém noticia o resultado das investigações dois, cinco, dez anos após o ocorrido? Não é porque o fato inicial já não gera mais tanto interesse da audiência que não deva ser relembrado. Mas o que acontece hoje é que são raras as situações em que a mídia acompanha o desfecho das investigações criminais. Elas se perdem no tempo. São esquecidas por quem deveria ser o espaço de memória da sociedade. Um dos papeis sociais da mídia é este, ou seja, de lembrar a sociedade, de cobrar, fiscalizar, instigar, provocar ações e respostas.

Quando se regionaliza a questão a coisa piora. Nos centros menores, com redações muitas vezes sucateadas e sem condições de trabalho, a imprensa não tem as mínimas condições de cumprir esse papel. Os fatos são colocados nos porões da memória coletiva. Quem se arrisca a lembrar dos casos são os senhores que jogam baralho nas praças públicas, os contadores de história.

Muitas vezes tudo se transforma em um "causo". Isso pode explicar por que a nossa sociedade brasileira é lenta para se transformar, para dar passos sólidos e alcançar índices de desenvolvimento verdadeiramente sustentáveis.

Quando digo que comunicação é articulação quero pontuar que, sem ações práticas e conexas, pensadas estrategicamente, as informações ficam subsumidas apenas à esfera dos dados e não passam ao degrau superior do conhecimento que transforma e gera engajamento. Todo ser que quer mudar a sociedade do conhecimento precisa ser e estar articulado a diversos atores sociais capazes de promoverem mudança efetivas.

Todo acontecimento, para deixar de agir apenas no campo emocional, necessita de pessoas capazes de tomar atitudes transformadoras para que eles surtam efeitos positivos na vida de outras pessoas. É o exemplo daquela mãe que, após perder o filho em um terrível acidente de carro no centro da cidade, opta por dedicar sua vida à educação no trânsito. Caso essa mãe se rendesse a viver o luto pelo resto da vida, trancada em um quarto de lágrimas, ela jamais mudaria a sociedade em que vive e o trânsito da sua cidade tenderia a ser cada vez mais assassino e suicida.

Também arrisco a dizer que a nossa passividade diante das informações também é algo cultural que precisa ser mudado em nosso país. Acostumamo-nos a receber informações e lamentá-las sem ao menos pensar numa alternativa, em outra possibilidade, em possíveis mudanças de hábitos a partir de fatos negativos.

A articulação necessita de informações, de reflexão, de sonhos, de estratégias, de execução e avaliação constante. Pessoas empreendedoras, altruístas, que pensam no bem coletivo e não apenas no próprio bem-estar, são excelentes articuladoras. Uma de suas características é a resiliência. São determinadas e sempre capazes de se reinventar. Não absorvem o negativismo midiático e logo transformam um limão em uma deliciosa limonada.

Em todos os tecidos sociais há necessidade de pessoas articuladoras. Desde uma pequena comunidade até uma grande corporação, é necessário que estrategistas tomem os lugares de liderança. Você tem essa habilidade? Quer desenvolvê-la? É hora de começar.

A mídia tem o poder de construir a agenda do noticiário, mas é você quem tem a autoridade para pautar a agenda do seu sucesso ou fracasso. Use as informações como dados necessários para você construir novas realidades e não deixe cair no esquecimento fatos importantes que, após um tempo, são colocados de escanteio pela própria mídia.

Quando a memória coletiva é influenciada por um sistema de comunicação imediatista, que não faz memória e não colabora com a reflexão coletiva, o povo padece e fica cada vez mais refém das fábricas que constroem as informações e que nos alimentam diariamente.[2]

Pessoas do bem que lideram a articulação

Em momentos de crise percebemos com mais evidência como nossa sociedade está totalmente carente de lideranças positivas, do bem e de bem. Por outro lado, são nestes momentos de crise que igualmente notamos como nosso país tem sido

---

2   E por falar em alimento, o título do próximo capítulo é bem sugestivo.

ocupado por pessoas de má-fé, com intenções nada republicanas. Onde estão as pessoas de bem? Onde estão os líderes honestos, com pensamento humano e coletivo tão fundamentais para a saúde governamental dos nossos municípios, estados e da nação? Eles estão por aí escondidos ou não existem mais? Creio que existem, mas estão desarticulados.

Ao que parece é que as pessoas de bem estão fora de tudo, inclusive do noticiário. Até mesmo o noticiário tem dificuldades de identificar os exemplos positivos. Eu me recordo que, quando eu trabalhava com *hard news* (chamado de jornalismo diário, pesado, factual), havia sempre uma preocupação em sondar minuciosamente os bastidores de fatos positivos, de ações sociais que chamavam a atenção, pois era tudo muito suspeito quando algo bom estava acontecendo na sociedade. Logo surgia o alerta: será que aquela pessoa que está fazendo o bem não será candidato a algum cargo público nas próximas eleições?

Este clima de suspeita com o que é bom mostra como estamos despreparados para noticiar o que de fato é positivo. Logo, é sempre mais fácil mostrar o negativo, já que o bom gera suspeita, desconfiança. Nunca se sabe as reais intenções do autor da agenda positiva. Mas, espere aí. Qual o problema se a pessoa que faz o bem tem intenções políticas?

Não queremos pessoas do bem na política? Não deveríamos incentivá-las?

A nossa confusão social é tamanha que o ruim parece merecer sempre mais destaque, e os fatos bons são ofuscados. Uma comparação que pode ser feita é com a pessoa que coloca cerca elétrica em seu muro, instala sistema de filmagem e todo tipo de equipamento de segurança para evitar que o ladrão entre. A pessoa se torna prisioneira, com hora para chegar e sair de casa, enquanto o ladrão passeia livremente pelas ruas. A pessoa de bem está presa e o ladrão, solto.

Há diversas pessoas mal-intencionadas muito bem articuladas e pessoas com boa intenção, mas com péssima articulação social. Esse quadro pode ser invertido: é preciso iniciativas de lideranças que tenham boa formação em análise crítica da mídia e sejam capazes de ter uma incidência positiva na sociedade. Grave esta palavra: articulação.

Associe-se, faça parte de grupos, frequente reuniões sociais que tenham foco no coletivo. Caso você não encontre grupos com essas características por perto, tenha a ousadia para fomentá-los. "Deve então começar, outros vão te acompanhar", diz a música.[3] Comece! O seu mundo será melhor a partir da sua atitude.

---

3   "A paz", do grupo Roupa Nova.

Método Detox contra o negativismo

A palavra detox está na moda. As famosas dietas de desintoxicação alimentar me inspiraram algo semelhante para desintoxicar nossas mentes. Assim como nosso corpo precisa de uma constante limpeza, nossos pensamentos precisam cada vez mais de bons conteúdos *à la* detox.

Não estamos treinados para cuidar da nossa mente. Por isso estamos cada vez mais neuróticos, esquizofrênicos e perturbados. É triste ver a humanidade passar por uma epidemia de depressão e outras doenças tão nocivas que estão acabando com a nossa alegria de viver. Precisamos dar um basta nisso, você não acha?

Não tenho receio em afirmar que muitas das nossas doenças mentais são geradas em frente à TV, à internet e a todos os demais meios de comunicação. Veja, preciso dizer que esses instrumentos não são maus por natureza, por si só. Mas o mal que podem provocar passa pelo despreparo de nós, consumidores de informação. Quando não temos um preparo, esses meios se tornam nocivos, pois o conteúdo emitido por eles entra em um território livre, sem filtros. Aí está o perigo.

É importante destacar que não é justo colocar toda a culpa dos nossos problemas nos meios de comunicação. Posto isso, sinto-me mais à vontade para continuar a escrita.

Vamos lá. Comparando com a alimentação, de forma pontual e imediata, você talvez não teria problemas de saúde caso comesse fritura de vez em quando. Mas, aos poucos, você estará criando um monstro dentro do seu organismo. O excesso gera a doença, mesmo que este excesso seja de forma homeopática, de pouco em pouco. A mesma coisa ocorre com a nossa mente.

A excessiva exposição a um canal, a um veículo, a um método de comunicação, certamente vai gerar um ser humano com graves problemas cognitivos no campo da análise global dos fatos. Não é possível a pessoa ter bom senso se ela se deixa manipular por uma única fonte de informação. A pluralidade é saudável. E pluralidade requer diversidade de fontes, de falas e processos de escuta.

"Examinai tudo e ficai com o que é bom" (1 Ts 5,21). Este versículo bíblico é fenomenal e se encaixa muito bem aqui. Adoro esta passagem, pois ela ilustra exatamente o conteúdo da nossa proposta com o Método Detox para a limpeza cerebral. Diante de um conteúdo informacional, precisamos ter discernimento para formar o censo crítico. Não é fácil fazer isso diariamente, pois a avalanche de informação a que estamos submetidos está em patamares assustadores.

Gostei muito de um *post* de um colega jornalista que certo dia resolveu escrever se despedindo temporariamente de uma rede social. Ele dizia que precisava de um "tempo para regenerar os neurônios" diante de tanta coisa ruim com que ele estava se deparando na rede. Trata-se de um profissional que vive de comunicação, um jornalista, desligando-se de uma importante rede social. Aí percebi que eu não estava sozinho neste grande estudo de caso. Há gente que tem tomado decisões aparentemente fora do comum, quando todos exigem a nossa presença nestes espaços. Há quem diga que é loucura não estar numa rede social hoje em dia. Há outros que estão ficando loucos pela excessiva presença *on-line*.

Se olharmos apenas pelo lado cômico, não vamos perceber a gravidade do que está acontecendo em nossa sociedade. Têm surgido com muita frequência informações de que inúmeras pessoas estão procurando centros de tratamento para se recuperar da dependência virtual.

Conheço um caso em que um pai de um jovem foi procurar uma clínica de tratamento para dependentes químicos e quando, na triagem, foi-se entrevistar a família, descobriu-se que a dependência, na verdade, era virtual. A clínica aceitou o internamento e teve que, rapidamente, adequar-se a esta realidade.

A proposta de análise crítica da mídia, aliada à prática de saber filtrar as informações *à la* detox, é também uma ação preventiva que vai nos livrar de possíveis transtornos psíquicos. A sociedade inteira ganha quando mais e mais pessoas forem preparadas para lidar com esta ambiência de *overdose* de imagens, informações e conteúdo.

Quando você aderir à "onda detox" a crise passará a ser analisada e até mesmo vivenciada de maneira diferente pelas pessoas ao seu redor. Não será apenas você que vai enxergar uma crise com outro olhar. Tudo muda a nossa volta quando encaramos os fatos com mensagens diferenciadas, a partir de um ângulo novo, não comum, nada superficial. A mensagem massiva e compartilhada pela massa é sempre isenta de profundidade, de reflexão. Fujamos deste modelo e a crise será infinitamente menor do que tentam vender para a gente.

Como "examinar tudo" de forma a não se deixar manipular?

Dicas:
- Não se informe apenas por uma fonte. Seja plural!
- Questione-se: quem fala? Por que será que fala? Quais seus interesses?
- Questione-se também quando não se fala. Por que não se fala sobre tal assunto?
- Após um acontecimento complexo, evite comentar o fato sem antes ter analisado uma considerável pluralidade de fontes informativas. O que você pensa ser, talvez possa não ser bem aquilo que pensa.
- Quando um assunto começar a ficar tenso demais, afaste-se do objeto; não se irrite por causa do fato; mantenha uma certa distância dos acontecimentos. Isso vai lhe fazer enxergar coisas que antes você não enxergava.
- Leia! Leia jornais, livros. Não fique apenas nas informações de áudio e vídeo. Seu cérebro precisa muito que você leve a ele esta nobre forma cognitiva, que é a leitura. Com palavras escritas, você terá mais capacidade de argumentar e não reproduzir informações como um papagaio perturbado e descontrolado.

- Ao ser plural na leitura de noticiários, não exagere. Não é isso! Não precisa assistir cinco telejornais por dia. Se fizer, você ficará louco rapidinho. Se hoje você assiste a um jornal em um canal, amanhã assista em outro. A pluralidade sadia é feita com alternância.
- Vá a palestras, assista aulas temáticas, frequente reuniões de análises de conjuntura. Você vai ver como isso lhe fará bem e o ajudará a se blindar contra informações desconexas e muitas vezes fundamentadas em más intenções.
- Escolha ao menos um ou dois períodos do ano para sumir das redes sociais e do consumo de notícias. Parece impossível, não? Eu também acho. Mas faço isso com certa regularidade, mesmo trabalhando com informação o tempo todo. É um período sabático que todos nós precisamos fazer. É questão de saúde mental. Fique tranquilo: você não vai ficar alienado por causa disso.
- Não acredite em tudo que você vê, ouve ou lê por aí. Também não relativize os fatos. Lembre-se: "Examinai tudo e ficai com o que é bom" (1 Ts 5,21).

Fortaleça sua marca e ganhe credibilidade

Em toda crise somos chamados a empreender. Neste ponto o Brasil dá um *show* em outros países. Talvez por causa das inúmeras crises econômicas que já enfrentamos, parece que está em nós o DNA de empreendedores. Somos criativos, ousados e isso nos fortalece.

Mesmo que nossas ações ainda sejam desarticuladas e desvinculadas de um crescimento coletivo, temos contribuído muito com o processo de inovação e desenvolvimento da nação. São os empreendedores, e principalmente os pequenos, que têm feito a diferença na gigante roda da economia brasileira. Do campo à cidade, quem empreende impulsiona o país, mesmo com tanta oposição e barreiras governamentais.

Onde entra a sua marca nesta história toda? Não estamos acostumados a falar de nós mesmos. Temos vergonha de sermos bons. Empreendemos, arriscamos, mas na hora de consolidar nossa marca temos mente pequena e mesquinha. Somos sabotados pelas pessoas mais próximas e por nós mesmos.

A sabotagem acontece primeiro na nossa mente. É um processo que me paralisa, impede-me de progredir, de dar passos, alcançar metas, resultados. Uma voz lá no fundo me diz: Você não é capaz de crescer mais, de passar daqui. Quando isso acontecer, é sabotagem, cuidado!

Cuidado com quem tem inveja de você, que não gosta do seu progresso, da sua felicidade, das suas conquistas. Neste caminho de sabotadores, nos esquecemos de fortalecer nossa marca.

Quantos empreendimentos você já conheceu que foi aberto, tornou-se um sucesso, mas foi autodestruído por questões estritamente mentais dos seus criadores? A decadência da nossa marca começa sempre quando não temos em nossas mentes e corações a clareza da nossa missão. Qual a sua missão? A partir do momento em que você escreve e finca em sua mente qual é a sua missão, tudo fica mais claro. Coloque no papel e verbalize a sua missão.

Por exemplo, a minha missão é "ser instrumento nas mãos de Deus para empreender processos de comunicação que transformam vidas". Quando eu encontrei as palavras certas para organizar minha missão textualmente, tudo ficou mais claro em minha mente. A partir disso eu comecei a trilhar uma série de estratégias para fortalecer a minha marca e alcançar resultados. Antes, eu ficava perdido, tinha dúvidas constantes, pois não havia clareza em quem eu era, o que eu estava fazendo aqui, neste mundo, para o que eu trabalhava e quais objetivos que me faziam caminhar.

O fortalecimento da sua marca e o processo de ruptura com as instâncias de sabotagem que acometem sua carreira profissional passam pela definição da sua missão.

A marca da sua empresa precisa ser fortalecida antes pela sua marca pessoal. Você é uma marca, e é a mais valiosa, pois ela tem valor intangível. Em uma eventual crise, a marca da sua empresa pode sofrer depreciação, mas a sua jamais sofrerá caso você esteja fortalecido, em terreno sólido, diante da clareza da sua missão.

Tenho notado que o mercado capitalista tem desdenhado um pouco das pessoas. Hoje é comum dizer uma frase que virou regra no mundo corporativo: "Ninguém é insubstituível". Particularmente não comungo da ideologia desta frase, pois tenho a convicção de que você que lê este livro é, sim, insubstituível.

Não há dinheiro que pague o seu valor, o seu talento, os seus dons. As crises econômicas têm se alastrado por causa da crise do ser humano frente aos bens tangíveis. A marca do ser humano precisa ser revalorizada, redimensionada neste complexo sistema global que tem colocado o homem para escanteio.

Valorizar a sua marca começa pelo processo da autovalorização. Ninguém vai acreditar em você se você mesmo não acredita na força do seu nome, da sua palavra, da sua postura. Não se trata de soberba, de autossuficiência, mas de reconhecimento da nossa individualidade, fundamental para a plenitude das relações sociais.

Somos uma rede, e uma rede formada por peças-chave. Todas são chaves e todas precisam estar entrosadas.

Como está a sua marca? Como está a sua autoimagem? Qual a visão que os outros têm de você e você tem de si próprio?

A estratégia da construção da marca pessoal

A imagem pessoal começa a ser construída desde os nossos primeiros momentos de vida. Mas a nossa marca só é tida como tal a partir do momento em que a consideramos assim. Quando você decide que marca você tem, que você é e representa, aí sim você lidará objetivamente com algo mensurável, mesmo que intangível quanto ao valor financeiro. Sua marca não tem valor financeiro objetivo, mas é capaz de fazer você mais rico ou mais pobre.

Dependendo da imagem que você vende e compra de si mesmo, seus negócios poderão ir bem ou mal. Há pessoas que têm uma marca tão positiva que o que elas fazem se torna um sucesso imediato, depende de pouca ou quase nenhuma publicidade e propaganda pagas. A venda é espontânea, já que o engajamento é natural.

A mudança de conceitos de desenvolvimento da nossa própria marca passa por ações extremamente psicológicas e depois práticas. Se crescemos em ambientes que não nos valorizaram, nos oprimiram e reprimiram, certamente teremos mais dificuldades de desenvolver o amor-próprio e ações positivas quanto à nossa imagem. Este aspecto precisa ser identificado por você.

Depois, outro sinal para avaliarmos a nossa autoimagem e marca é a própria valorização que promovemos de nós mesmos. Uma coisa é eu ser depreciado pelo outro; outra coisa é eu mesmo, o tempo todo, me desvalorizar.

Fiz uma prova prática da construção de uma imagem com uma simples, porém significativa experiência nas mídias sociais. Sugerimos a um assessorado, que não tinha tanta expressão na área em que atuava, a mudar a sua postura nas redes. Ele tinha o hábito de compartilhar coisas deprimentes, fotos pessoais em ocasiões íntimas, escrevia comentários sobre tudo e todos.

Suas mensagens eram irrelevantes e não tinham credibilidade. A estratégia foi a seguinte: começar a fazer comentários positivos e com menos frequência; criar conteúdo e compartilhar menos os dos outros; criar imagens positivas e tirar fotos com pessoas com credibilidade na sua área; promover eventos e criar uma agenda positiva própria; tentar ser necessário na rede, e não uma "sobra".

Aos poucos, essa pessoa começou a se tornar referência, a ser requisitada e compartilhada. Um dia, na rua, ele ouviu: "Parabéns pelo seu sucesso". Ele se assustou e depois ficou pensativo. Logo percebeu que sua imagem pública havia mudado, para melhor. Um exemplo simples, mas didático e de fácil aplicação no mundo de hoje.

A manutenção dessa marca pessoal depende de uma constante análise sobre os acontecimentos globais e pessoais. Não há uma estratégia única. Cada caso é um caso. Mas, no geral, há uma certeza: a de que precisamos construir um olhar positivo da sociedade e de nós mesmos. Não espere apoio dos outros. Isso pode não acontecer. Comece já!

Incrível: há pessoas que adoram uma crise

Talvez como eu, você já deve ter tido a experiência de presenciar um acidente de trânsito em que a vítima estava caída no asfalto, esperando atendimento médico e havia uma multidão de gente ao redor, conversando, atrapalhando ainda mais o fluxo de carros no local. Já teve essa experiência? Morte, acidentes, tragédias. É impressionante como há pessoas afeiçoadas ao que é mal, trágico. Elas param para viver aquele momento triste, mas nem sempre é em estado de compaixão. Que bom se fosse!

Percebo isso em outras situações. Vejam, por exemplo, quando nasce um bebê. Muitos vão visitar a família; o nascimento é comemorado, pois há sim uma grande alegria quando chega uma vida nova entre nós. Mas não há comparação quando uma pessoa morre. Muitos se aproximam do caixão, mesmo sem conhecer o defunto.

Certa vez estava em um velório e perguntei para uma pessoa que parou ao lado do caixão:

"Ela era sua amiga?" "Não, não conhecia", respondeu. A curiosidade pela pessoa morta levou aquela senhora ao velório. Só isso.

São casos que nos favorecem para montar algumas imagens sobre o que temos apresentado aqui. Há muita, mas muita gente que prefere tragédias a momentos de alegria. Estamos contaminados por pessoas assim. Algo muito ruim para a nossa sociedade.

Do mesmo modo que há aquela pessoa que adora um velório, há quem adore e dá gargalhadas com uma crise. Esta, além de vibrar com o noticiário, faz o serviço de um papagaio do mal: repete sem parar as informações trágicas da economia. Nos lugares a que vai, leva consigo um *chip* com todas as informações sobre a crise. Sabe de tudo; ou pensa que sabe.

Grava todos os indicativos negativos, desavenças do governo e tem todos os detalhes da projeção catastrófica do período de recessão. É uma especialista em economia. Seus olhos brilham quando falam que o país está vivendo momentos difíceis. Conhece alguém assim? Provavelmente conheça. Caso não, que bom. Você está livre da proximidade de um adorador de crise. Mas tomara que este adorador não seja você. Caso seja, por favor mude de estilo de vida. Ninguém merece pessoas assim. Essas pessoas são um problema até para a saúde pública, pois geram um mal-estar coletivo por onde andam.

Alerta: há quem adore ver você em crise

Quando dou palestra sobre comunicação estratégica, provoco a plateia sobre a importância da comunicação não verbal. No fim da apresentação, muitos confirmam ter vivido experiências depreciativas, por parte de familiares e amigos próximos, quando foram comunicar boas notícias para eles. O rosto de pessoas mal resolvidas muda na hora diante de uma notícia boa. Esse tipo de gente tem alergia a coisas boas quando elas acontecem com os outros.

A análise da comunicação verbal tem confirmado em grande escala aquela passagem bíblica que diz: Quem encontrou um amigo, encontrou um tesouro. Sabe por quê? Pois, em muitas ocasiões, as pessoas mais próximas de nós ficam visivelmente tristes com a nossa alegria e felizes com a nossa tristeza. É assustadora a quantidade de pessoas próximas de nós que adoram nos ver em crise, vibram com a nossa crise pessoal e até mesmo econômica.

É bom fazer este alerta, já que a comunicação estratégica em tempos de crise requer atenção em todos os sentidos. Para enfrentar a crise, não é fundamental apenas entender de economia. É necessário enxergar e compreender os sinais ao meu redor. Fuja dessas pessoas também.

Um dia alguém me questionou: "Mas se eu for tirar da minha vida todas as amizades de pessoas invejosas, podem sobrar poucos". Então melhor não sobrar, meu amigo! As pessoas ao seu redor fazem toda a diferença no seu direcionamento pessoal e profissional. Não é possível manter uma amizade com uma pessoa que quer o teu mal, que gosta de te ver para baixo, que só proclama palavras desencorajadoras.

Não há ambiente estratégico que suporte isso e que alcance resultados positivos. Se você continuar com este tipo de gente, você terá grandes chances de fracassar. E o fracasso tende a atingir não apenas sua vida financeira, mas até os relacionamentos pessoais, como os conjugais. Procure bons amigos, mesmo que a escolha não seja fácil. Não deixe que a sujeira entre na sua vida por meio de pessoas ressentidas e que não querem a paz, a alegria de si e dos demais.

> Um amigo fiel é uma poderosa proteção: quem o achou, descobriu um tesouro. Nada é comparável a um amigo fiel, o ouro e a prata não merecem ser postos em paralelo com a sinceridade de sua fé. Um amigo fiel é um remédio

de vida e imortalidade; quem teme ao Senhor, achará esse amigo. Quem teme ao Senhor terá também uma excelente amizade, pois seu amigo lhe será semelhante. (*Eclesiástico* 6:14-17)

O ressentimento individual afeta o coletivo

Os ambientes são formandos por pessoas, e pessoas são seres sentimentais. Sempre que estamos vivendo um momento de crise financeira ou de governabilidade, precisamos nos atentar para a personalidade das lideranças, de quem nos governa: quais as características psicológicas dos nossos líderes e também dos seus opositores?

A governabilidade de uma empresa ou de um país não pode ser avaliada com foco apenas em quem está no poder, mas também deve chegar a quem está na oposição, ou, no caso de empresa, de quem gostaria de estar no lugar do gestor.

A psicologia de quem é gestor e de quem deseja estar nos postos de liderança é algo a que precisamos nos atentar para entender o complexo mundo das crises. Por trás de toda decisão há uma intenção, um objetivo. E tais intenções são carregadas de sentimentos que, muitas vezes, nem são de conhecimento da própria pessoa que os detém. O nosso mundo dos sentimentos é imenso, pouco conhecido por nós mesmos.

Na psicologia da comunicação vamos ler as informações midiáticas com o olhar também emocional, tanto do protagonista dos fatos comunicados quanto de quem trabalha e confecciona as notícias.

Imagine um quadro em que o protagonista de uma cena toma uma atitude pensada estrategicamente, carregada de sentimentos, desejos e convicções. Aquele fato criado será, em breve, noticiado. E neste caminho da formatação da própria notícia também ocorrem interferências sentimentais. Em tudo há sentimento – o que é natural na vida humana.

O problema ocorre quando as nossas decisões são pautadas pelos ressentimentos. E como seres humanos que são, os líderes também são vítimas deste terrível processo: o de pautar a vida por valores ressentidos.

Quando isso ocorre, quem sofre são as pessoas submissas a tais decisões. Na realidade, um grupo ou um povo inteiro sofre. Pessoas ressentidas são aquelas que não superaram uma etapa, que ficaram paradas em um problema, que não sabem dar passos e resolver seus conflitos internos e com os outros. Carregam suas mágoas para o resto da vida e acabam contaminando com suas tristezas próprias todos que estão ao seu redor.

Quando se aproximam de um estado de crise, essas pessoas muitas vezes aproveitam o caos para instilar seus pensamentos e ideais raivosos e cheios de pessimismo, de infelicidade. O que isso tem a ver com a comunicação? Tudo.

Quando temos certo conhecimento sobre esta psicologia dos meios, começamos a prestar mais atenção às falas, aos olhares, às argumentações. Aos poucos, podemos perceber como os fatos são construídos e até mesmo comunicados. Já quando não temos essa noção de que também a agenda pública da mídia é pautada por sentimentos – ou ressentimentos –, não conseguimos fazer essa análise. Com isso, se estabelece o pior dos cenários: tudo fica como está, do jeito que eles querem.

A comunicação de quem quer vencer

Líderes sábios não tomam decisões baseadas em ressentimentos. Líderes sábios usam seus sentimentos para promover inovação, empreender e gerar qualidade de vida para o coletivo. Ao contrário de quem contribui com a agenda da crise, o líder comunicador vencedor olha nos olhos das pessoas, comunica coisas realistas e positivas, não distorce os fatos e prioriza uma comunicação assertiva.

Nos momentos de crise, é hora de aproveitar para se destacar enquanto muitos estão se afundando nas lamentações do dia a dia. A sua palavra pode ser usada para ações vitoriosas, mas tudo vai depender de uma coisa: a sua decisão. Apenas com a sua decisão você terá condições de trilhar um novo modelo de se comunicar com o mundo ao seu redor. Cada palavra proclamada precisa ser, antes, pensada. Com isso a assertividade acontece e flui.

Na comunicação assertiva você não é obrigado a agradar a todos, mas não precisa desagradar a si mesmo para agradar os demais. A comunicação verdadeira começa pela verdade que brota e sai de dentro de você para você mesmo. Não minta para os seus sentimentos. Fale consigo, questione-se, reflita e se coloque contra a parede. Depois de se autobombardear com questionamentos positivos, vá para a comunicação pública e enfrente a realidade.

Sendo verdadeiro, você ganhará em paz interior e em credibilidade. Muitas pessoas derrotadas sucumbiram no mundo empresarial e também na sua própria família porque não foram verdadeiras com os sentimentos, mentiram para seus públicos e foram vencidas pela crise.

A crise não é o fim do mundo. É apenas uma crise, que em breve deixará de o ser. Com humildade interior é possível ir em frente, sempre com o olhar sereno de quem não se intimida com alarmismos.

O comunicador assertivo é realista, não pessimista. Não se deixa iludir, mas também não se deixa corromper por sabotadores que querem que o estado de crise seja permanente.

Que tipo de líder você deseja ser? Que tipo de comunicação você vai adotar como estilo de vida?

Negar uma crise é tão ruim quanto potencializá-la

Agora o outro lado. Até aqui focamos naqueles aspectos e mecanismos que potencializam as crises e acabam por prejudicar a economia e todo o fluxo social. Todavia, o outro extremo também é maléfico para todos. Quando uma liderança ou mesmo grupos de comunicação escondem uma realidade de crise, o cenário tende a se fragilizar com o tempo e se agravar ainda mais quando a crise se estabelecer de fato – caso ela exista.

Enquanto uns fazem campanha pró-crise, há quem prefira fingir que ela não existe, que nada de ruim está acontecendo e que "crise é para os fracos" ou "coisa da oposição". Essas pessoas agem como se tivessem o poder de colocar um grupo de escolhidos em uma ilha e blindá-los a ponto de não sofrerem nenhuma interferência negativa das consequências inevitáveis de um agravante na economia.

Igualmente neste cenário, há consideráveis armadilhas para quem aposte em camuflar um quadro de crise. É perigo demais fazer isso. Pode ser que dê certo optar pela demora do alerta de uma retração. Mas, pragmaticamente falando, é temível.

E por incrível que pareça o recente histórico do Brasil mostra que esta opção foi encampada por determinados grupos da administração pública. A consequência não tem sido das melhores, já que os mais fracos acabam pagando a conta da falsa realidade informada.

O que é ruim pode sempre ser pior quando o alerta preparatório não é emitido por quem deveria alertar a tragédia, de modo a preparar para tempos difíceis. É como acontece quando as autoridades da defesa civil, por exemplo, não informam uma comunidade, quando as chuvas se intensificam, de que há risco de desmoronamento em regiões vulneráveis.

A população que mora em áreas de risco sofre consequências irreversíveis por causa da ausência de informação eficaz. As pessoas precisam ser alertadas, mesmo vivendo em regiões perigosas e inadequadas para moradia. É a mesma coisa diante da economia brasileira. Não temos uma economia sólida, sabemos disso, o solo é instável, mas precisamos de alterações. Quando o alarme não toca, pensamos que está tudo bem, e daí não conseguimos honrar com os nossos compromissos quando o caos se estabelece.

No campo das informações tem sido cada vez mais difícil entender as mensagens. Hora não sabemos se o discurso é verdadeiro, hora parece ser inflamado, com uma carga de negativismo perigoso e em outros casos o discurso simplesmente não existe ou nega um eventual problema.

Um mecanismo usado pelas grandes democracias para evitar ao máximo a manipulação de dados e informações é estimular departamentos de estatísticas que possam fornecer constantemente números sobre as diversas realidades da economia.

Se estas instâncias são frágeis, a sociedade perde e fica sem uma fonte confiável de informações precisas. É quando crescem as especulações e todo mundo fala o que quer, sem se preocupar com a verdade e objetividade dos fatos. É uma brecha para rumores, boatos e tudo que é contrário à ética jornalística. As interpretações são sempre personificadas e estanques, o que possibilita erros grosseiros capazes de atrapalhar imensamente o desenvolvimento de um país.

Não estamos nem um pouco acostumados a ser realistas. No Brasil, parece que ser realista é sinônimo de fragilidade, de fraqueza, quando deveria ser valorizado como um ponto forte de um grande líder. O modelo eleitoral é outro fator que valoriza e estimula a classe política a manipular a realidade e a construir fatos, a desconstruir aquilo que não lhes interessa politicamente. Como ainda acreditamos muito em propaganda política e não cruzamos historicamente os fatos, somos conduzidos a erros o tempo todo. Que bom seria que os nossos líderes fossem mais honestos consigo mesmos e depois com a sociedade a quem servem. O país será muito melhor quando isso acontecer.

Mas, se na dimensão política o caminho é nebuloso, não seria o momento de implantar um novo modelo de comunicação pró-desenvolvimento nas demais instâncias? Em que se baseia este conceito? Na assertividade. Quanto mais assertivos formos nos nossos campos de atuação, maiores serão as chances de termos sucesso nos nossos empreendimentos.

Quando os governantes tomarem consciência disso, tudo será mais transparente, verdadeiro e seguro. A crise poderá vir, mas todos serão capazes de enfrentá-la com muito mais segurança.

Duas possibilidades: ignorância ou má-fé

No mundo em rede, não há mais como esconder os fatos. Posto isso, ao analisar as possibilidades de conjunturas em que tentam negar uma crise, temos dois caminhos possíveis para quem opta por tal insanidade: ignorância ou má-fé.

Ou a pessoa sofre com a falta de informações adequadas e contextualizadas, ou age com intenção duvidosa quando se trabalha para negar uma realidade de crise ou retração na economia. Os dois caminhos são recorrentes.

Por incrível que pareça, mesmo com uma vastidão de informações disponíveis para qualquer um hoje em dia, há quem não consiga fazer a leitura do todo para analisar o conjunto da obra; o que não é o caso das grandes organizações e governos. Estes contam com especialistas capacitados para lidar com esses cenários. E é aí que nos deparamos com a triste realidade do agir com má-fé. Governos e grandes corporações possuem em seus quadros funcionais técnicos altamente qualificados para interpretarem os rápidos e complexos movimentos da economia mundial. Por que então muitos insistem em fantasiar cenários irreais?

Ainda bem que contamos com a internet. Com a rede conseguimos navegar por outras águas e ter informações diferenciadas. A metodologia da política de má-fé, com intenções privadas e não republicanas, tem seus dias contados com a realidade da rede. Quem governa e toma decisões descabidas e sem fundamento plausível, terá cada vez menos espaço, pois a internet tem possibilitado um levante de cidadãos que se conectam e estão criando um padrão de cobrança jamais visto na história da humanidade. É disso que vamos falar no próximo capítulo.

As redes sociais e os novos formadores de opinião

A rede não garante a liberdade, mas torna mais difícil a opressão. (Manuel Castells)

Antes da internet, o mundo das comunicações era dominado pelas TVs e alguns poucos grandes jornais. Hoje o mundo é outro, é mais democrático. A rede possibilitou o surgimento de vozes nunca ouvidas na sociedade e pela sociedade. Os tradicionais formadores de opinião, os grandes comentaristas das diversas áreas, já não detêm o monopólio das informações privilegiadas dos bastidores da economia, da política etc.

Nem sempre é necessário ter o rígido "credenciamento" específico para você registrar uma imagem ou fala do líder de governo em um evento público. Todos são capazes de produzir conteúdos e imediatamente compartilhar dados e informações. Com isso as ditaduras estão sendo cada vez mais encurraladas.

Casos emblemáticos confirmam isso. Por exemplo, o *case*[4] da grande manifestação pela democracia no Irã, que foi fomentada indiscutivelmente pelas redes e mídias sociais. Depois, a onda da Primavera Árabe, em que, de um lado, Estados antidemocráticos tentaram, mas não conseguiram, reprimir totalmente as manifestações físicas e pela rede. A rede foi o espaço das articulações, o que prova que é um mecanismo democrático nunca vivenciado antes pela humanidade.

Temos então uma nova sociedade com novos formatos de formadores de opinião. No Brasil, especificamente, a audiência das TVs cai diariamente enquanto o tempo de conexão do brasileiro não para de crescer. Antes o cidadão chegava em casa depois do trabalho e ligava a TV. Hoje, quando ele chega em sua residência, permanece *on-line*, já que o dia todo ele esteve conectado por meio de dispositivos móveis. Nunca desliga.

Ao invés de ligar a TV ele liga o computador (quando ele já não está *on*) ou, agora é a própria TV que está *on-line*; há também a crescente realidade do *home oficce*, quando este trabalhador já não "chega" mais do trabalho, pois ele agora trabalha em casa, *on-line*. Evita trânsito e fica mais tempo ainda navegando. É uma revolução.

---

4   *Case*: fato que possa ser usado como referência para entendimento maior e comparação com outros casos.

A mídia tradicional não sustenta estes fatos, pois eles provocam graves danos a setores do mercado publicitário tradicional, que resiste em mudar. O que ocorre é que os próprios meios tradicionais estão se reinventando e correndo atrás das inúmeras novidades que surgem a todo segundo para não perder ainda mais audiência. Isto não acomete apenas a mídia, mas sim todas as demais instituições até então consolidadas na sociedade.

O próprio fluxo do dinheiro publicitário tem se movimentado com muita rapidez em prol do mercado da rede. As imensas verbas publicitárias estão deixando de ser tão concentradas e passam a se diluir alternativamente em pequenos grupos emergentes que têm protagonizado a comunicação em nichos específicos, também em centros do interior do país.

Quem forma opinião precisa estar conectado não apenas com os acontecimentos oficiais, ou que geram mais simpatia à comunicação que interessa às instituições habituais. Há novos mundos que surgem e desaparecem a todo instante. O mundo das redes é ao mesmo tempo tão conhecido por uns e desconhecido por outros.

Case: Quando temos a notícia da morte de um cantor famoso, que desperta comoção em milhões de brasileiros, logo vamos perceber que a notícia da morte de uma pessoa famosa de hoje não é mais como antigamente. Antes da rede, ou o artista era famoso em toda a parte ou era desconhecido. A massa unanimemente o aclamava. No mundo da rede, um famoso pode ser imensamente conhecido em grupos restritos e desprezados pela mídia tradicional. Alguns têm emergido à mídia tradicional via internet, mas nem sempre isso acontece.

Com a rede, até mesmo a identificação dessas novas vozes e realidades de consumo no campo do entretenimento é delicada. Os fenômenos são meteóricos, efêmeros, mas ao mesmo tempo podem ser sólidos, muito mais rígidos que em outros espaços. Não há padronização das relações.

Articular-se para comunicar com esta imensidão é o desafio do mundo atual. Hoje, talvez mais do que nunca, é tão fácil o acesso às comunicações, mas não menos difícil de se estabelecer um canal eficiente de contato com grandes grupos pela rede. A rede é aberta, é democrática, mas atingir públicos diferentes continua sendo um desafio.

Talvez este desafio seja ainda maior, já que na era da mídia tradicional os grandes conglomerados falavam em blocos e atingiam quase toda a população que tinha acesso aos seus canais. Hoje, todos estão na rede, mas a mesma é diluída e tem infinitos acessos, ambientes de interlocução.

O que temos de concreto é que quando falamos em crise, agenda negativa, agenda positiva, tudo passa pela rede. A construção simbólica desta linguagem pede cada vez mais transparência, autenticidade e objetividade. Há de se lembrar que, também, na amplitude do espaço democrático há uma crescente crise de credibilidade.

Como muitos se tornaram porta-vozes, formadores de opinião, a falta de credibilidade chegou a todos. Quem fala? Esta pergunta gera uma abertura para o receptor na rede, que imediatamente provoca a pergunta intrínseca sobre a autenticidade das informações compartilhadas. Não é qualquer um que é capaz de gerar compartilhamentos de opiniões com credibilidade, quando estamos numa crise também de autenticidade. O descrédito atinge a rede, igualmente.

As pessoas críticas (pois nem todas o são) começam a duvidar cada vez mais das informações circulares na rede. Querem saber a fonte, o canal que emite, em que contexto aquela informação foi elaborada. Na crise, a possibilidade de se emitir opinião tem sido positiva, pois todo canal é um espaço de "explosão" pessoal, de libertação, para verbalizar o sentimento do ser humano que, afinal, vive a crise.

Na rede, a palavra gira em uma velocidade incalculável. Aí a responsabilidade de todo formador de opinião aumenta a cada instante. Em um ambiente que não se diferencia mais do espaço físico, a rede é de todos nós; e tem seus próprios "nós", no sentido de entroncamentos.

Mesmo quem não está na rede, está lá. Há casos de isolamento, de analfabetismo digital e exclusão; porém, aos poucos a conexão tem chegado às periferias, que antes eram totalmente excluídas do ponto de vista comunicacional.

Com relação à articulação política, os novos formadores de opinião são capazes de superar e questionar os paradigmas estabelecidos pelas antigas comunidades mandantes. Os que antes dominavam o campo político e das comunicações, hoje são questionados e muitos já não detêm o poder absoluto.

Na nova ambiência, o poder é diluído, o que é positivo. A época da concentração de poder pela informação sucumbe, embora ainda existam conglomerados monopolizadores e a prática deste modelo também exista nas pequenas localidades.

A metodologia da formação de uma mensagem ou opinião também ganhou novos ares. Antes éramos reféns dos editores e seus superiores.

Hoje, todos são editores simultâneos de tudo o que acontece e é compartilhado na rede. A geração informacional possibilitou uma sociedade do conhecimento, que muitas vezes não faz questão de saber que possui este poder.

Aí pode estar um perigo e também uma perda de oportunidade. Quem não viveu na era exclusivamente analógica tem dificuldades de imaginar o mundo sem a rede, e pode não dar valor aos benefícios de uma conectividade como a que estamos todos submetidos.

Há um poder que circula entre as pessoas das diferentes sociedades, e este poder se chama internet. A opinião bem articulada e construída, pensada estrategicamente, é capaz de mudar as rígidas estruturas sociais. Um simples texto, uma imagem, um vídeo, pode fazer toda a diferença em uma relevante decisão micro ou macro.

Alguns têm percorrido este caminho ao acaso e têm conseguido sucesso; mas o bom é que aprendamos a usar a rede de forma estratégica. Assim seremos cada vez menos reféns de uma comunicação embusteira.

Construção de uma agenda positiva

A democracia está vinculada à liberdade. A internet nos proporcionou liberdade, certa autonomia da informação e uma imensa rede de possibilidades de plataformas conectadas a tudo, simplesmente tudo. Porém, a internet não nos livrou dos efeitos do agendamento negativo das grandes corporações e conglomerados. Mesmo com avanços, ainda somos reféns da agenda quase única de quem detém o poder econômico e político de diferentes realidades, mundo afora.

O que é possível fazer com e pela internet e que demanda articulação é o efeito contrário ao negativismo. O que chamamos de uma agenda positiva é prontamente viável quando iniciada por um processo bem planejado.

A liberdade da rede parece que proporcionou a emergência de milhões de pessoas no campo da apresentação das diferentes linguagens de expressão, mas ainda não foi capaz de fazer emergir o ser social protagonista do próprio pensamento. Ainda não possuímos autonomia intelectual na rede.

Quando deixarmos de ser meros propagadores da agenda negativa e passarmos a criar a agenda realista e, posteriormente, positiva, estaremos no caminho da evolução da sociedade contemporânea.

Uma agenda positiva pode ser pautada por uma bela imagem, um curto texto reflexivo, uma interrogação. No campo simbólico isso ajudaria a contrapor a avalanche de informações deprimentes em um estado de crise ou falsa crise.

Também geram um fato agregador de imensa repercussão positiva eventos criados com foco em determinadas ações locais. Um evento gera valores agregados, enquanto as palavras ou manifestações isoladas na rede não repercutem com um engajamento necessário para uma mudança de agenda.

Uma pauta positiva pode gerar engajamento, ou seja, mais e mais pessoas podem se sentir atraídas pelo fato criado e assim passam a ser multiplicadores daquela ideia, daquele acontecimento.

Pessoas engajadas cumprem o mesmo papel dos sujeitos sociais alienados e multiplicadores da agenda pessimista, mas estão do lado oposto do quadro; agora contribuem com o desenvolvimento, já que não são alienados e têm clareza do seu protagonismo nas definições sociais.

Eventos são atos preconcebidos que ocasionalmente geram interesse de grupos específicos, e podem chamar a atenção até mesmo da grande mídia quando são pensados segundo uma linguagem apropriada dentro de algum contexto social que esteja em pauta pela própria grande mídia.

Assim, neste movimento, o bom estrategista consegue fazer uma leitura profunda dos acontecimentos que o rodeiam e, com base nesta análise, ele incide na criação de contra-agendas, ou agendas alternativas. Esses eventos são normalmente públicos e merecem ser comunicados para as redações midiáticas segmentadas ou ampliadas, dependendo do foco do público a ser atingido.

Uma agenda positiva requer conhecimentos em sociologia e mídia. Quando uma ação é promovida apenas do ponto de vista sociológico, ela corre o risco de ficar isolada. Pode até gerar bons resultados para o público determinado que recebeu tal informação no primeiro plano. Mas o restante da sociedade acaba não tendo conhecimento do evento; logo, para esta ampla e maior parcela, tal evento não existiu.

Trabalhamos com a premissa de que só existe aquilo que é noticiado e visto, consumido como produto informacional. Quando fatos e eventos não são noticiados, publicados, não se tornam visuais nos ambientes da mídia tradicional e também na rede como um todo, praticamente não cumprindo seus efeitos simbólicos de existir para engajar e transformar.

Também é importante que as fontes propagadoras da informação da agenda positiva tenham credibilidade. Por melhor que seja o evento, quando suas fontes propagadoras não possuem credibilidade no tecido social em que atuam, esta agenda pode ser simplesmente ignorada; continua sem existir.

Mais vale uma agenda simples e bem articulada que um evento complexo sem direcionamento de mídia com efetividade. Os grandes grupos tradicionais sabem disso há muito tempo e usam dessa estratégia. Muitos fazem isso sem o conhecimento teórico, mas pela prática recorrente se tornaram especialistas em agendar o que lhes convém. Com o advento da rede, novas agendas surgiram e têm questionado todos esses movimentos estabelecidos, com rígidas estruturas de poder.

Do outro lado, o não conhecimento estratégico tem levado inúmeros grupos emergentes a se perderem em seus processos de comunicação, e alguns acabam repetindo as velhas fórmulas de opressão que fazem muito mal para todos.

A agenda positiva deve ser sempre pautada pela verdade, pela ética em favor da vida humana. Nunca uma mentira, por mais que pareça ser necessária, vai contribuir com uma verdadeira agenda positiva efetiva.

Os sentimentos mais intrínsecos do ser humano devem ser levados em conta por quem produz conteúdo de mídia. O compromisso com o respeito à privacidade, ao direito de resposta, à pluralidade de fontes e tantos outros requisitos básicos para uma comunicação humanista precisa ser executado no campo daqueles que querem uma agenda diferenciada daquilo que está posto. E essa atuação no campo ético não é algo restrito aos profissionais de comunicação, mas, mais do que nunca, a todos os seres humanos conectados.

Em um breve período de tempo a cobertura da internet será praticamente universal. Mesmo nas casas em que não há conexão, seus moradores estão conectados em outros ambientes. E a realidade da conectividade generalizada vai demandar cada vez mais que nós, humanidade, tenhamos formação profunda neste campo. Sem esta ética será impossível promover a agenda positiva, pois os atores que geram conteúdo simplesmente podem ignorar tais valores básicos da boa convivência social. Isso é gravíssimo e perigoso.

A intervenção positiva na rede não é uma farsa para apaziguar as tristes realidades da vida, mas um jeito de levar à rede o que a vida tem de belo. A podridão midiática tem intimidado os promotores da cultura da paz. Falar de amor, vida, perdão, felicidade, paz, beleza parece ser algo pequeno, não nobre e até mesmo ridículo em muitos ambientes da rede, pois também já o tornaram antes na própria realidade cotidiana *off-line*.

Em uma avalanche de notícias e imagens ruins, pesadas e carregadas, nada melhor que uma frase ou uma imagem que nos lembre que há muita coisa boa neste mundo, e que há muita beleza a ser descoberta e comunicada.

Seja assertivo, não submisso

A ssertividade é algo maravilhoso que nos emancipa nas relações de comunicação. O ser assertivo consegue se comunicar com clareza, sem criar divisões e nunca ofender a pessoa que recebe a mensagem. Quem é assertivo verbaliza os sentimentos e não acumula lixo sentimental dos problemas cotidianos. O ser assertivo tem menos chances de ser submisso.

A questão é que não somos formados para uma cultura de assertividade e acabamos não tendo a técnica e habilidade para conversar com eficiência; logo nossos sentimentos ficam sem serem reconhecidos pelos interlocutores. Isso é péssimo para nós. Quanto menos assertivos formos, mais problemas teremos, em todas as áreas da nossa vida.

Quantas vezes carregamos fardos pesados demais, pois não conseguimos, em algum momento, expor uma opinião sobre determinado acontecimento?

A assertividade demanda treino. Caso ainda não seja assertivo, comece a expressar seus sentimentos primeiro a você mesmo e depois aos que convivem com você, os mais próximos.

Um dia um amigo estava com muita dor de cabeça e queria ir para casa. Mas só para ser legal com os demais, depois de muita insistência do grupo, ele foi à lanchonete após o trabalho. Acabou piorando e foi parar no hospital. Este amigo foi submisso ao grupo e não conseguiu dizer não. Quem não sabe dizer não, acaba se dando mal.

Quantos casos de pessoas que afundaram suas vidas no uso de drogas porque não souberam dizer não aos "amigos" que oferecem a droga pela primeira vez. Faltou assertividade. Venceu a fraqueza diante da necessidade de querer fazer parte de grupos, de se relacionar e ficar bem com todo mundo; isso pode provocar ruínas pelo resto da vida.

Da mesma forma que as drogas viciam e levam o usuário ao fundo do poço, a falta de assertividade tem o poder de causar consequências semelhantes nas diferentes vertentes dos nossos relacionamentos. Quantos namoros, casamentos, amizades, empregos estão oferecendo verdadeiras "drogas" para os envolvidos, quando uma das partes oferece tentações atraentes o suficiente para que a outra parte se deixe levar sem ser assertiva com os seus sentimentos. Para manter certas aparências, muitos se viciam e depois morrem de *overdose* para sustentar o insustentável.

Talvez você, que está lendo este livro por interesse inicial no tema comunicação e crise financeira, esteja sendo levado a refletir sobre outras áreas da sua vida. Isso é bom, pois a nossa vida não deve, nunca, ser analisada de forma segregada, em forma de caixinhas. Somos um conjunto. Caso o seu namoro, casamento, relacionamento com amigos e no emprego não estejam transcorrendo de forma equilibrada, isso vai afetar sua vida financeira e ser mais um motivador para que a crise aumente ainda mais.

Ser assertivo é saber (e conseguir) dizer não quando o caso demanda um "não", e dizer "sim" quando há liberdade interior para assumir as consequências deste sim.

Crise é campo fértil para a não assertividade

Esta reflexão foi pensada para questionar a nossa passividade psicológica no campo da mídia. Como não ser submisso às comunicações mal-intencionadas?

Sou da década de 1980. No Brasil, especificamente, a minha geração cresceu diante de um aparelho de TV e depois se surpreendeu com a internet. A televisão formou nossa consciência, com outros espaços sociais: família, escola e religião, por exemplo. A internet chegou com tudo e nos tornamos primeiro consumidores e depois fabricantes de conteúdo, todos ao mesmo tempo.

A TV, por si só, não nos permitia interação, retorno da mensagem. Era uma via de mão única. Os efeitos provocados pela passividade ao se assistir televisão parecem não ter mudado muito na prática, com a internet, mesmo que aparentemente possa parecer o contrário. O motivo, sugiro, é que mesmo os nativos digitais não estão sendo preparados para uma comunicação assertiva na rede. Poderia ser diferente, mas não estão preparados. É uma pena. A maioria permanece submissa, não consegue se expressar com liberdade, naturalidade e eficiência. Não há comunicação assertiva (lembrando sempre que a internet aumentou a democracia, mas agora vamos refletir se ela também aumentou a qualidade democrática).

Quando entro no mundo das mídias sociais, percebo que, mesmo falando a mesma língua portuguesa, não tem sido possível compreender o que algumas pessoas querem dizer. Não se trata de um retrocesso na comunicação, mas é sinal de que, mesmo com a evolução da rede, não evoluímos nos métodos cognitivos para a comunicação.

O processo para uma assertividade eficaz requer maturidade, reflexão, paciência, introspecção para analisar fatos e atitude para verbalizar suas opiniões. O imediatismo da rede e a nossa incapacidade de sermos protagonistas nas novas realidades de relações na rede têm-nos feito vítimas de grandes confusões, brigas, separações e toda sorte de desentendimentos a partir do ciberespaço.

Em um período de crise, as relações tendem a se fragilizar ou a se fortalecer. Vai depender de como os envolvidos no jogo foram preparados para lidar com perdas e ganhos. Há exemplos de divisões familiares, rompimentos de amizades e outros tipos de relacionamentos simplesmente por falta de entendimento das mensagens emitidas pela rede.

Em períodos de campanhas políticas é fácil identificar situações assim. As paixões pessoais se tornam raivosas, e sentimentos de ódio se multiplicam assim como as curtidas e compartilhamentos de postagens dos personagens mantidos pelo *marketing* político questionável. Uma multidão rapidamente se torna numa espécie de "soldados" que passam a trabalhar para interesses nada claros e muito questionáveis.

Períodos eleitorais são ótimos estudos de casos neste campo. No mundo da rede, de uma hora para outra, todo mundo parece ter virado especialista em política, economia, educação, cultura, saúde etc. Todo mundo se torna doutor em tudo. Qualquer tipo de inverdade compartilhada pode mudar o cenário da disputa. A mentira prevalece e a verdade desaparece. E nós, passíveis que somos, multiplicamos informações plantadas por grupos cheios de más intenções.

A verdade é inimiga da crise

Quando a crise se estabelece é hora de todos pararem para refletir sobre quais estratégias devem ser tomadas para vencê-la. Sem uma análise bem-feita, a verbalização pode ser precipitada e flagelante. Um chefe de estado, um CEO de uma grande empresa nunca fará uma declaração sobre uma crise antes de analisar diferentes possibilidades sobre a realidade em que se encontra. É perigoso emitir opiniões simplistas quando as coisas não estão indo bem, em qualquer área da nossa vida.

Um gestor que precisa reduzir gastos será assertivo quando conseguir comunicar aos seus variados públicos que adotará medidas de austeridade para colocar a casa em ordem, sem causar ainda mais problemas aos seus empreendimentos. Já a falta de assertividade poderá trazer uma comodidade momentânea ao clima organizacional da empresa gerenciada por este CEO, mas em breve as coisas tendem a se agravar.

O nosso *modus operandi* tem sido formado no molde da submissão, não da assertividade. Vejam como somos frágeis na nossa comunicação para resolução de conflitos. Desde os altos postos governamentais até as menores instâncias da administração pública estamos acostumados a ver políticos em época de campanha dizerem que "as contas públicas estão saneadas" e logo após o período eleitoral todo mundo descobre que "o buraco é mais embaixo".

Em questão de dias os verdadeiros números aparecem para assustar a população, e os mesmos políticos afirmam, com a mesma "cara de verdade", que "medidas impopulares precisam ser tomadas para que a economia não sofra ainda mais". Mas esquecem de dizer que tudo é consequência nefasta de uma política descontrolada e não adaptada à realidade. Faltou assertividade e sobrou mentira.

Omissão, mentira, submissão e não assertividade normalmente caminham lado a lado. Não basta dizer a verdade; é preciso contextualizá-la. Já a omissão pode ser benéfica no sentido imediatista, mas vai prejudicar os envolvidos com mais força assim que o problema for revelado.

A mentira, por sua vez, tem efeitos potenciais ainda mais negativos, já que, além de não trabalhar no campo da realidade, cria outra realidade para evitar um problema, e no fim das contas haverá mais de um problema a ser resolvido.

Uma pessoa passiva na comunicação, sem protagonismo e liderança na fala, pode se tornar um mentiroso, pois pensa que os outros vão amenizar situações, contorná-las, dar um jeitinho para cada conflito. A vida é feita também de situações embaraçosas e todas elas precisam de decisões para as devidas resoluções. Mentiras só criam problemas ainda mais graves. O melhor caminho em toda crise é o da verdade.

Quando somos verdadeiros com os nossos sentimentos e com as pessoas que convivem conosco, temos mais capacidade de nos tornar líderes e não submissos ao grande campo das comunicações. Uma cultura permeada por corrupção, mentira e submissão, será sempre subdesenvolvida. E as comunicações sociais devem ser espaços privilegiados para a verdade.

Só exige a verdade quem vive na verdade

Toda crise tem seu tempo de vida prolongado quando a mentira permeia seus bastidores. No caso de uma crise econômica ou política a mentira pode ser um alento momentâneo, mas irá, certamente, piorar as coisas por meio de chantagens dos envolvidos.

Há muita chantagem que a gente desconhece acontecendo diariamente nos bastidores da política, que acaba dando vida longa à crise. Sempre que o bem-estar dos articuladores políticos passa a ser prioridade em vez do bem comum da sociedade, o cenário tende a ficar cada vez mais nebuloso.

Muitas crises que surgem da mentira, e se estabelecem com ela, podem durar décadas. O efeito dominó da falsidade é interminável. Quando aparecem "delatores" para trazer a público situações de corrupção, corremos o risco de não dar valor às palavras deste sujeito, pois também a sua fala é carregada de suspeitas.

Mais uma vez é o caso de nos remetermos à cultura. Um país que possui em seu DNA cultural a prática da mentira nunca terá soberania e sempre será submisso. Quando pessoas e instituições já não protestam mais, não cobram, não se mobilizam, esse é, talvez, um sinal de que também todos estes sujeitos já passaram a conviver culturalmente com uma prática inadequada e antiética baseada na mentira e corrupção.

Uma pessoa que rouba o sinal da TV a cabo e critica o governante por denúncias de desvio de dinheiro público, por si só não consegue gerar engajamento, pois não tem credibilidade alguma para cobrar honestidade de alguém. Da mesma forma, vive de forma corrupta o funcionário que falsifica atestado médico para justificar sua falta ao trabalho, aquele que bate ponto para o colega que chega atrasado no serviço, o estudante que cola na prova, o motorista que oferece dinheiro ao guarda para não ser multado e o guarda que se deixa levar pela oferta. Todos estão no mesmo nível dos grandes figurões da política. Só a proporcionalidade do crime nos parece ser menor. Mas se dimensionar em quantidade, pode até ser muito maior do que os grandes escândalos.

Isto parece ser um dos grandes desafios da nossa cultura brasileira.

Para se exigir a prática da verdade, seja ela nos meios de comunicação ou nas instâncias políticas, é preciso antes viver em verdade e na verdade. Sociedades apáticas e sem forças para provocarem mudanças significativas no campo político são sociedades pobres, que nunca se fortaleceram e se deixam enfraquecer ainda mais pelo efeito dominó da corrupção. Isto também é um processo comunicacional que interfere nas nossas maneiras simbólicas das ações comunicativas.

Educação familiar para a análise crítica da mídia

Pronto. Chegamos à parte capaz de provocar mudanças significativas em tudo que refletimos até aqui: educação. O Brasil se tornará grande e sustentável quando nossa população for educada para a análise crítica da mídia. Sim, é preciso saber que a mídia pode ser uma grande parceira no processo de desenvolvimento – e ela é –, mas que também deve ser objeto de avaliação e crítica constante.

A sociedade brasileira não tem a tradição de criticar a mídia com embasamento, e a mídia não se deixa criticar. Todos os lados perdem. E para que este amadurecimento aconteça é preciso criar metodologias educacionais que o proporcionem desde a infância.

Há na academia o que chamamos de "educomunicação", que tem uma proposta muito interessante com o foco na construção de ecossistemas comunicativos abertos, dialógicos e criativos. Isto está se expandindo e chegando, aos poucos, aos ambientes escolares.

Mas a educação para uma análise crítica da mídia pode ser proposta às crianças já em casa, e não apenas pela escola. Pais conscientes tendem a formar filhos também conscientes sobre a conjuntura, benefícios e armadilhas da mídia.

Perguntas básicas que nos direcionam para questionamentos sobre os interesses de quem fala, de quem emite qualquer discurso, vão iniciar a construção de um senso crítico apurado desde cedo nas pessoas capacitadas e treinadas para a análise crítica. Sim, é preciso ter treino.

Quando nos habituamos a questionar o que é comunicado, quem comunica, quando, por quê, como e onde, tudo ganha uma nova dimensão. O que antes dessas perguntas parecia ser algo, após as respostas pode ser interpretado sob outro ponto de vista.

A análise do discurso é feita. O discurso passa a ser observado criticamente e isso gera uma emancipação do ouvinte, que já não é mais passivo e se torna um potencial protagonista social.

Pais que assistem a telejornais em família e comentam as notícias com os filhos estão iniciando um estudo caseiro da análise crítica. Ao verem vídeos na internet ou telejornais, as crianças precisam ser estimuladas a receber e fazer perguntas. Esses estímulos as tiram da passividade e as colocam em permanente estado de alerta.

Alguém poderá questioná-las, e isso é positivo. Até mesmo quando os bebês estão assistindo desenhos animados é interessante que haja um interlocutor sempre questionando a criança sobre o que os personagens estão fazendo, se é legal, divertido, correto etc. A cada pergunta, a criança vai criando suas próprias perguntas.

Depois elas mesmas vão estar hábeis a repetir essas perguntas a elas mesmas em todas as outras formas de comunicação que, certamente, virão ao longo da vida.

A falta de questionamento sobre os conteúdos emitidos pela mídia é que constrói uma sociedade acrítica, sem massa pensante. Questionar com criticidade não deveria ser prerrogativa apenas de jornalistas, mas de todos os cidadãos. E os pais são os melhores professores para esta disciplina.

Temos o costume de discutir tudo: política, futebol, religião, economia... Menos a mídia. Vejam, alguns até tentam criticar a mídia, mas o que percebemos é que são julgamentos quanto à qualidade da programação e não análises profundas, embasadas, sobre as reais intenções do produtor de conteúdo. Isto sim é que interessa para uma verdadeira mudança social.

O que pensam as empresas de comunicação

As nossas crises no Brasil poderiam ser menos complexas se soubéssemos o que pensam as empresas de comunicação. Quando lemos, vemos ou ouvimos um noticiário, é comum que os produtores de conteúdos reiterem com certa frequência que seus informativos são "independentes e imparciais". Será? No Brasil já há iniciativas que caminham neste sentido (poucas, dá para contar com os dedos de uma mão), mas elas poderiam ser ampliadas.

Não há crime quando uma empresa de comunicação dá publicidade ao seu pensamento político-editorial. Evidente que em períodos eleitorais há as próprias restrições da lei eleitoral.

Há quem não concorde com essa possibilidade alegando que prejudicaria a independência editorial. São argumentos opostos, porém há de destacar que essa é uma prática nos Estados Unidos, por exemplo.

Particularmente, creio que isso deixaria o consumidor de informação mais à vontade e este não se sentiria traído. É isso. Às vezes percebo que o cidadão é traído por alguns veículos que pregam a imparcialidade e a independência. Ser parcial e dependente, mas ao mesmo tempo transparente quanto à linha editorial, seria muito mais honesto da parte dos meios.

Para uma educação midiática este passo seria um avanço muito grande, já que hoje não há transparência para que possamos orientar os nossos filhos sobre qual ideologia defende determinado veículo. A impressão que fica é que, nesses ambientes, enquanto tudo é escancarado (quando se trata dos outros), ao mesmo tempo tudo é velado (quanto se trata da própria mídia).

Valores de publicidade

Para o amadurecimento do processo democrático dos meios de comunicação, seria fundamental que todos os cidadãos tivessem acesso aos valores dos custos dos gastos publicitários dos governos junto aos veículos de comunicação. Essa relação comercial, que é legal e legítima, deve ser mais clara. Hoje, não há precisão em muitas planilhas de investimentos nesta área, podendo os números financeiros ser um fator preponderante nas relações dos meios de comunicação com a classe política.

Uma emissora de rádio, um jornal, uma TV ou um blogue que sobreviva de verbas públicas terá mais dificuldades quanto à independência editorial. Um bom modelo seria o da preponderância de verbas privadas, não públicas, porque esta última acaba sendo distribuída, muitas vezes, não por prioridade de índices de audiência, mas por ingerência política.

Educar para a mídia também é saber quanto a TV da minha cidade recebe de verba pública. Quando isso estiver consolidado, os mecanismos da relação mídia e desenvolvimento social e econômico serão mais sustentáveis.[5]

---

[5] Conte para mim a sua experiência vivencial após essa leitura em: www.evertonbarbosa.com.br

A marca FSC® é a garantia de que a madeira utilizada na fabricação do papel deste livro provém de florestas que foram gerenciadas de maneira ambientalmente correta, socialmente justa e economicamente viável.

Esta obra foi composta em CTcP
Capa: Supremo 250g – Miolo: Pólen Soft 80g
Impressão e acabamento
Gráfica e Editora Santuário